AF219150

Impressum
Verlag: BABADADA GmbH, Nedderfeld 112 , 22529 Hamburg
Geschäftsführer / Verlagsleitung: Harald Hof
Druck: Books on Demand GmbH, In de Tarpen 42, 22848 Norderstedt

Imprint
Publisher: BABADADA GmbH, Nedderfeld 112 , 22529 Hamburg, Germany
Managing Director / Publishing direction: Harald Hof
Print: Books on Demand GmbH, In de Tarpen 42, 22848 Norderstedt, Germany

xue xiao

škola

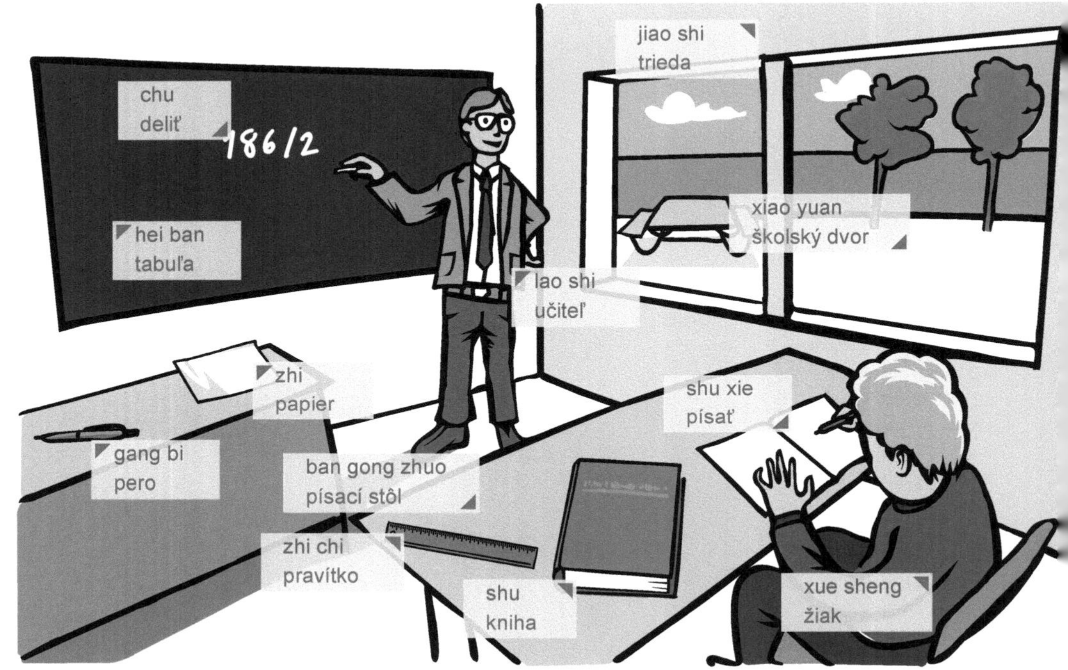

chu
deliť
186/2
jiao shi
trieda
hei ban
tabuľa
xiao yuan
školský dvor
lao shi
učiteľ
zhi
papier
shu xie
písať
gang bi
pero
ban gong zhuo
písací stôl
zhi chi
pravítko
shu
kniha
xue sheng
žiak

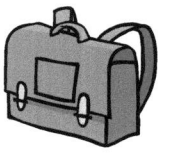

shu bao

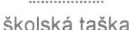

školská taška

qian bi he

peračník

qian bi

ceruza

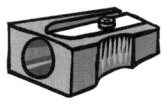

juan bi dao

strúhadlo na ceruzky

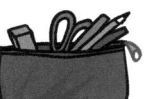

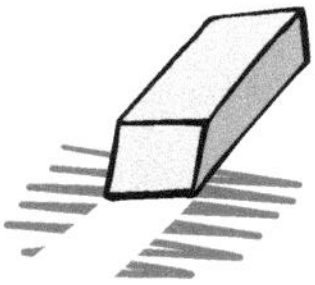

xiang pi ca

guma

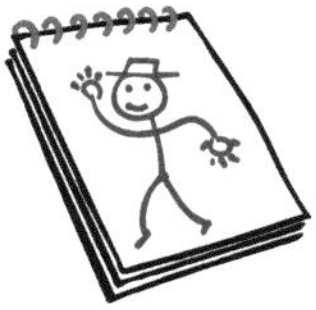

hua ban

skicár

tu hua	hua bi	yan liao he
kresba	štetec	vodové farby

jian dao	jiao shui	lian xi ce
nožnice	lepidlo	cvičný zošit

jia ting zuo ye	shu zi	jia
domáca úloha	číslo	sčítať

jian	cheng	ji suan
odčítať	násobiť	počítať

zi mu

písmeno

zi mu biao

abeceda

zi

slovo

ke wen

text

du

čítať

fen bi

krieda

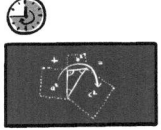

shang ke

hodina

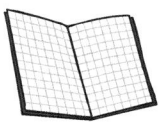

deng ji

triedna kniha

kao shi

skúška

zheng shu

certifikát

xiao fu

školská uniforma

jiao yu

vzdelanie

bai ke quan shu

encyklopédia

da xue

univerzita

xian wei jing

mikroskop

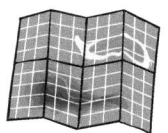

di tu

mapa

fei zhi kuang

kôš na papier

xue xiao - škola

lü xing
cesta

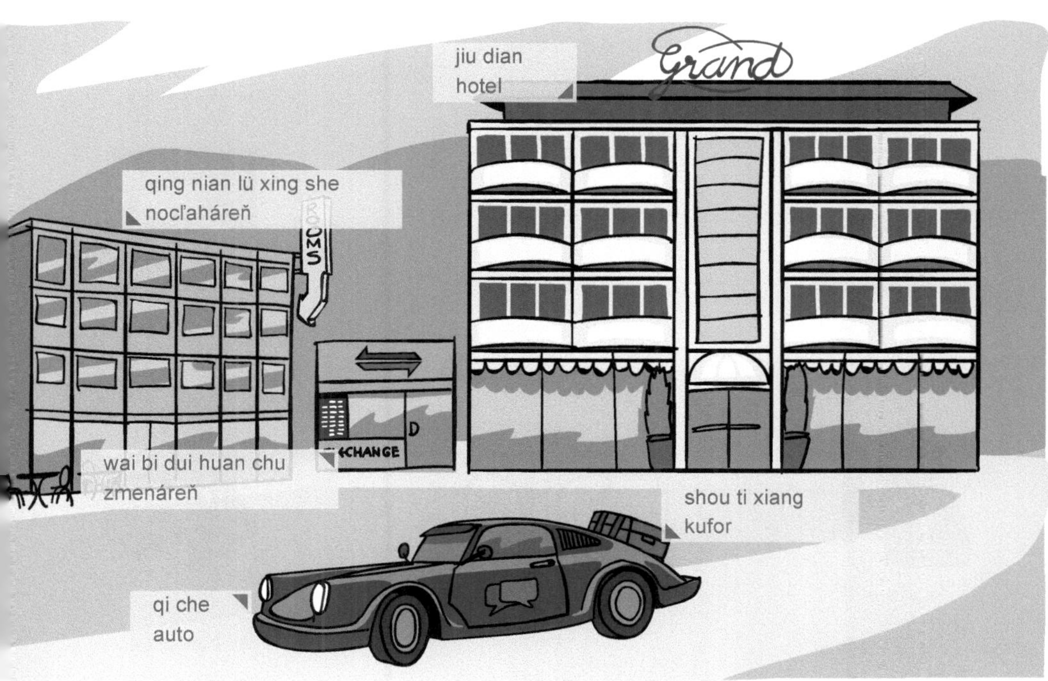

Grand
jiu dian
hotel
qing nian lü xing she
nocľaháreň
ROOMS
wai bi dui huan chu
zmenáreň
shou ti xiang
kufor
qi che
auto

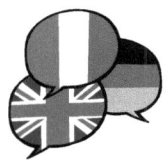

yu yan

jazyk

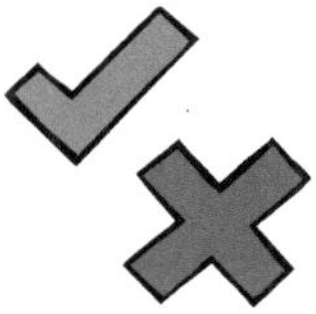

shi/fou

áno/nie

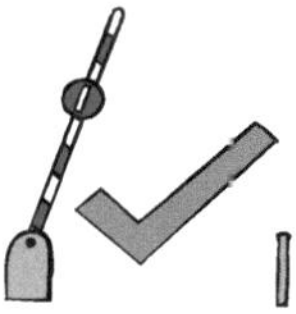

hao de

v poriadku

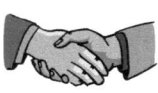

nin hao

ahoj

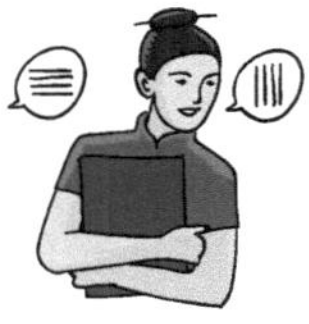

fan yi yuan

prekladateľ

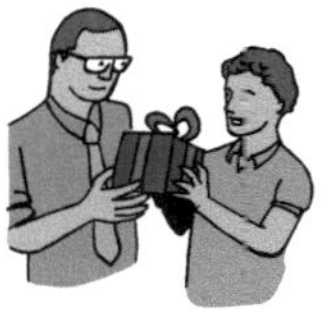

xie xie

ďakujem

......duo shao qian?

Koľko stojí ... ?

wo bu ming bai

Nerozumiem

wen ti

problém

wan shang hao!

Dobrý večer!

zao shang hao!

Dobré ráno!

wan an!

Dobrú noc!

zai jian

Dovidenia

fang xiang

smer

xing li

batožina

bao

taška

shuang jian bao

batoh

ke ren

hosť

fang jian

izba

shui dai

spacák

zhang peng

stan

lü you xin xi

informácie pre turistov

hai tan

pláž

xin yong ka

kreditná karta

zao can

raňajky

wu can

obed

wan can

večera

piao

cestovný lístok

dian ti

výťah

you piao

poštová známka

bian jie

hranica

hai guan

clo

da shi guan

veľvyslanectvo

qian zheng

vízum

hu zhao

cestovný pas

jiao tong yun shu

doprava

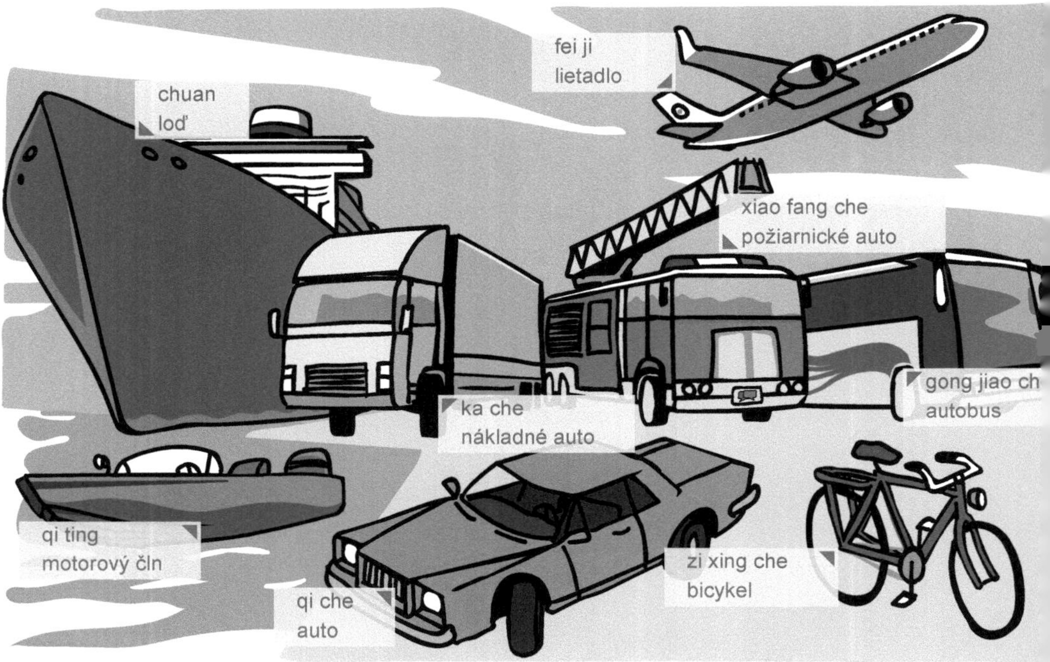
fei ji
lietadlo
chuan
loď
xiao fang che
požiarnické auto
gong jiao ch
autobus
ka che
nákladné auto
qi ting
motorový čln
zi xing che
bicykel
qi che
auto

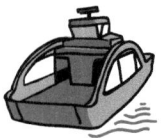

bai du chuan

trajekt

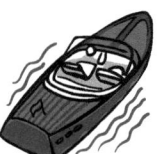

xiao chuan

loď

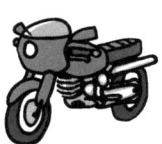

mo tuo che

motorka

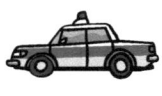

jing che

policajné auto

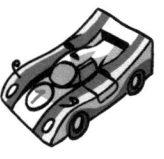

sai che

pretekárske auto

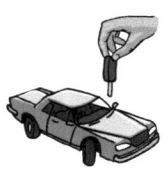

zu che

vozidlo z požičovne

pin che

carsharing

tuo che

odťahové auto

la ji che

smetiarske auto

fa dong ji

motor

qi you

benzín

jia you zhan

čerpacia stanica

jiao tong biao zhi

dopravná značka

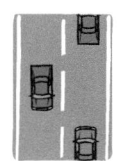

jiao tong

premávka

jiao tong du sai

zápcha

ting che chang

parkovisko

huo che zhan

vlaková stanica

gui dao

trate

huo che

vlak

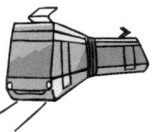

dian che

električka

huo che

vagón

zhi sheng ji

helikoptéra

ji chang

letisko

ta

veža

cheng ke

pasažier

ji zhuang xiang

kontajner

zhi ban xiang

kartón

shou tui che

vozík

lan zi

kôš

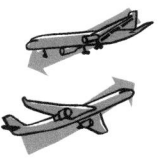

qi fei/jiang luo

štartovať / pristáť

cheng shi

mesto

cun zhuang

dedina

shi zhong xin

centrum mesta

fang zi

dom

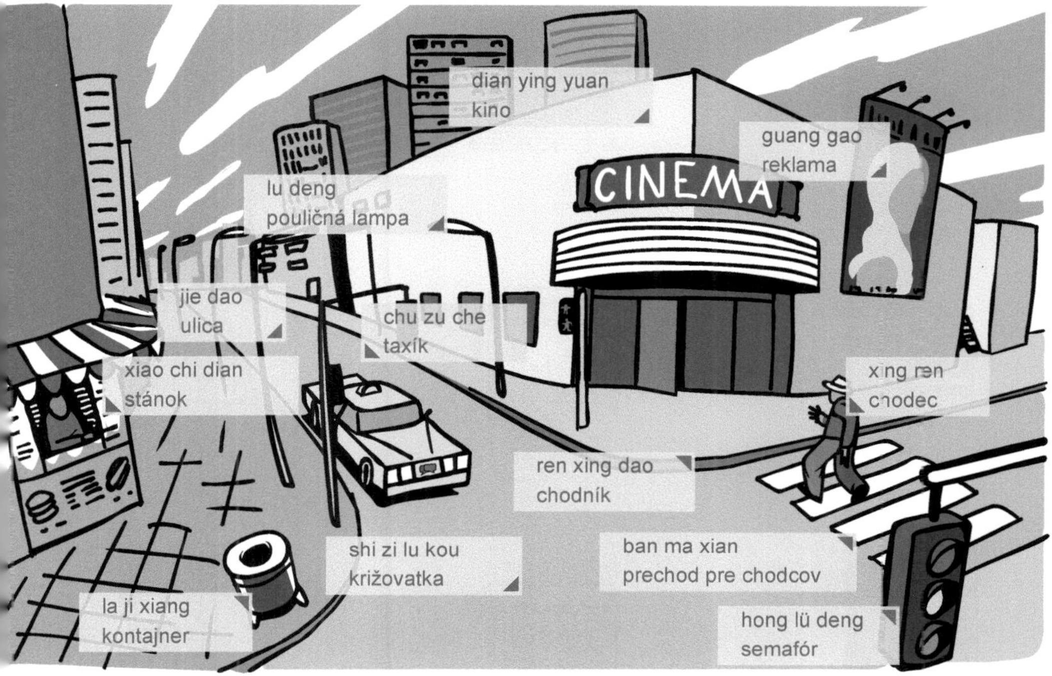
dian ying yuan
kino
CINEMA
guang gao
reklama
lu deng
pouličná lampa
jie dao
ulica
chu zu che
taxík
xiao chi dian
stánok
xing ren
chodec
ren xing dao
chodník
shi zi lu kou
križovatka
ban ma xian
prechod pre chodcov
la ji xiang
kontajner
hong lü deng
semafór

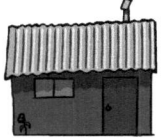

xiao wu

chata

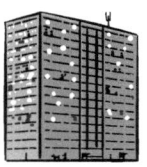

gong yu

byt

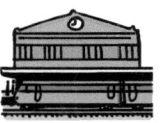

huo che zhan

vlaková stanica

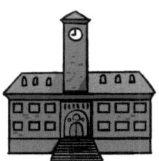

shi zheng ting

radnica

MUSEUM

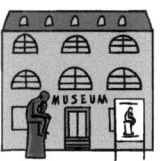

bo wu guan

múzeum

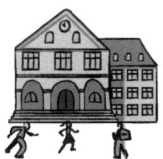

xue xiao

škola

da xue

univerzita

yin hang

banka

yi yuan

nemocnica

jiu dian

hotel

yao fang

lekáreň

ban gong shi

kancelária

shu dian

kníhkupectvo

shang dian

obchod

hua dian

kvetinárstvo

chao shi

supermarket

shi chang

trh

bai huo shang dian

obchodný dom

yu dian

obchodník s rybami

gou wu zhong xin

nákupné stredisko

hai gang

prístav

gong yuan

park

chang deng

lavička

qiao

most

lou ti

schody

di tie

metro

sui dao

tunel

gong jiao che zhan

autobusová zastávka

jiu ba

bar

can guar

reštaurácia

you tong

poštová schránka

lu biao

tabuľa s názvom ulice

ting che ji shi qi

parkovacie hodiny

dong wu yuan

ZOO

you yong guan

plaváreň

qing zhen si

mešita

nong chang

farma

wu ran

znečisťovanie životného prostredia

mu di

cintorín

jiao tang

kostol

cao chang

ihrisko

si miao

chrám

di xing

terén

shu ye
list

zhi shi pai
smerová tabuľa

lu
cesta

cao di
lúka

shi tou
kameň

tu bu lü xing zhe
turista

shu
strom

he
rieka

cao
tráva

hua
kvet

xia gu

dolina

shan

kopec

hu

jazero

sen lin

les

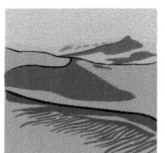

sha mo

púšť

huo shan

vulkán

cheng bao

zámok

cai hong

dúha

mo gu

hríb

zong lü shu

palma

wen zi

komár

cang ying

mucha

ma yi

mravec

mi feng

včela

zhi zhu

pavúk

jia chong

chrobák

qing wa

žaba

song shu

veverička

ci wei

jež

ye tu

zajac

mao tou ying

sova

niao

vták

tian e

labuť

ye zhu

diviak

lu

jeleň

mi lu

los

shui ba

hrádza

feng li fa dian ji

veterná turbína

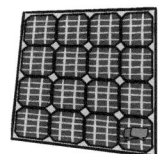

tai yang neng dian chi ban

solárny panel

qi hou

podnebie

can guan
reštaurácia

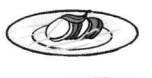

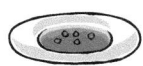

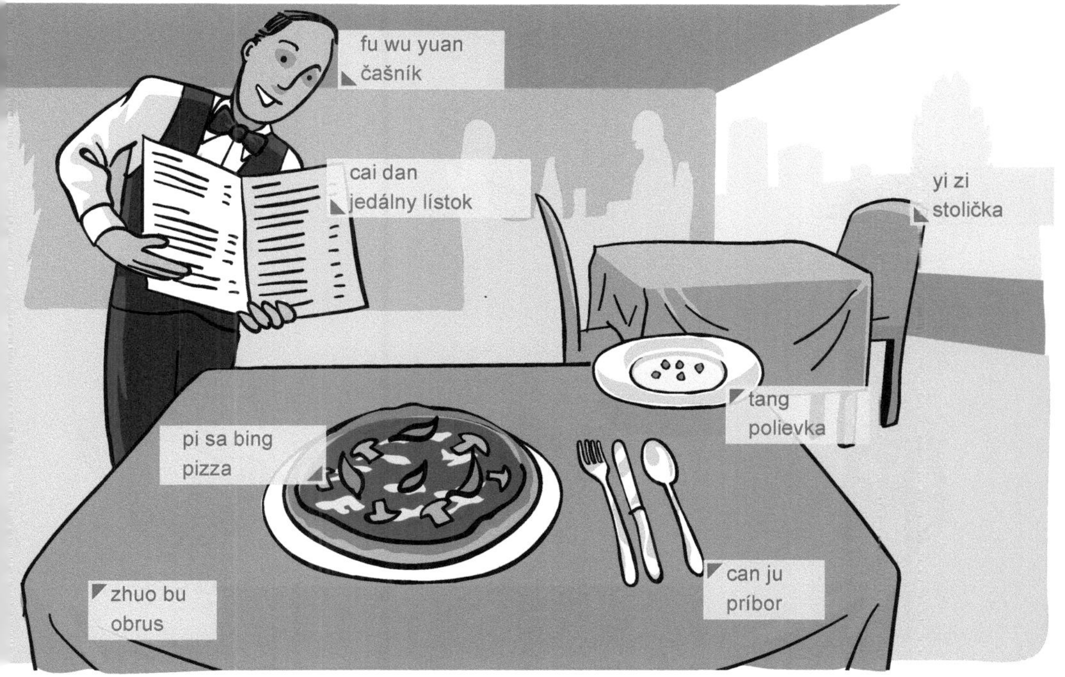
fu wu yuan
čašník
cai dan
jedálny lístok
yi zi
stolička
tang
polievka
pi sa bing
pizza
zhuo bu
obrus
can ju
príbor

qian cai

predjedlo

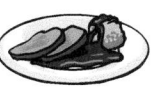

zhu cai

hlavné jedlo

tian dian

zákusok

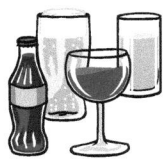

yin liao

nápoje

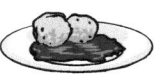

shi wu

jedlo

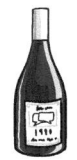

ping zi

fľaša

kuai can

fast-food

jie bian xiao chi

street food

cha hu

kanvica na čaj

tang he

cukornička

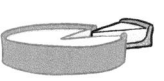

yi fen fan cai

porcia

yi shi ka fei ji

stroj na espresso

gao jiao yi

detská stolička

zhang dan

účet

tuo pan

podnos

dao

nôž

can cha

vidlička

shao zi

lyžica

cha chi

čajová lyžička

can jin

obrúsok

bo li bei

pohár

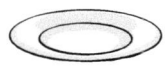

die zi

tanier

tang pan

hlboký tanier

die zi

podšálka

jiang

omáčka

yan ping

soľnička

hu jiao mo

mlynček na korenie

cu

ocot

shi yong you

olej

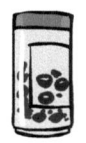

tiao wei liao

korenie

fan qie jiang

kečup

jie mo

horčica

dan huang j ang

majonéza

chao shi

supermarket

te jia
špeciálna ponuka
gu ke
klient
ru zhi pin
mliečne výrobky
shui guo
ovocie
gou wu che
nákupný vozík
FOR

BUTCHERS

rou pu

mäsiarstvo

BAKERY

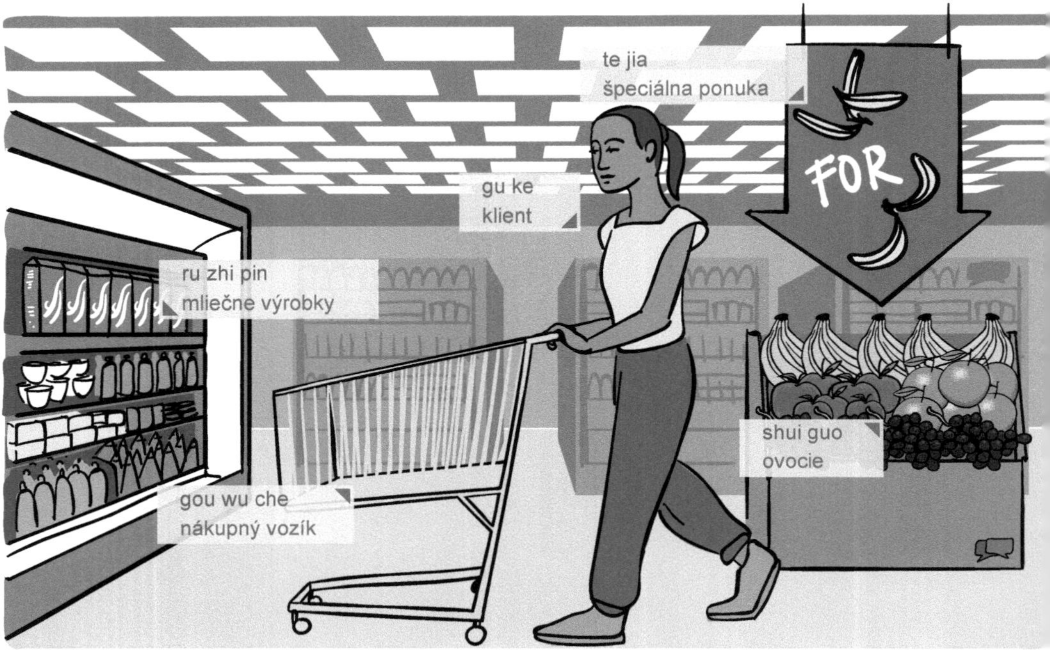

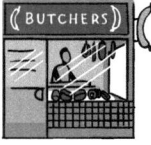

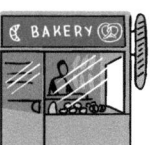

mian bao fang

pekáreň

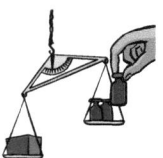

cheng zhong

vážiť

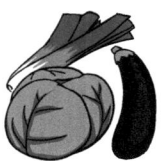

shu cai

zelenina

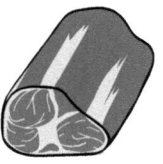

rou

mäso

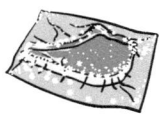

leng dong shi pin

mrazené potraviny

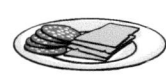

leng pan

nárez

guan tou shi pin

konzervy

xi yi fen

prací prostriedok

tian shi

sladkosti

ri yong pin

domáce potreby

qing jie yong pin

čistiace prostriedky

xiao shou yuan

predavačka

shou yin ji

pokladňa

shou yin yuan

pokladník

gou wu qing dan

nákupný zoznam

kai fang shi jian

otváracie hodiny

qian bao

peňaženka

xin yong ka

kreditná karta

dai zi

taška

su liao dai

plastové vrecko

shui

voda

guo zhi

džús

niu nai

mlieko

ke le

kola

hong jiu

víno

pi jiu

pivo

jiu

alkohol

ke ke

kakao

cha

čaj

ka fei

káva

yi shi nong suo ka fei

espresso

ka bu qi nuo

kapučíno

xiang jiao

banán

ping guo

jablko

cheng zi

pomaranč

xi gua

melón

ning meng

citrón

hu luo bo

mrkva

da suan

cesnak

zhu zi

bambus

yang cong

cibuľa

mo gu

hríb

jian guo

orechy

mian tiao

rezance

yi da li mian tiao

špagety

mi fan

ryža

sha la

šalát

shu tiao

hranolky

zha tu dou

pečené zemiaky

pi sa bing

pizza

han bao bao

hamburger

san ming zhi

obložený chlebík

zha zhu pai

rezeň

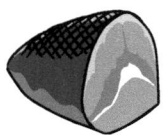

huo tui

šunka

sa la mi

saláma

xiang chang

klobása

ji rou

kurča

kao rou

pečené mäso

yu

ryba

yan mai pian

ovsené vločky

mu zi li

müsli

yu mi pian

kukuričné lupienky

mian fen

múka

yang jiao mian bao

croissant

mian bao juan

pečivo

mian bao

chlieb

kao mian bao

hrianka

bing gan

sušienky

huang you

maslo

ning ru

tvaroh

dan gao

koláč

dan

vajce

jian dan

volské oko

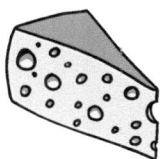

nai lao

syr

shi wu - jedlo

bing ji lin

zmrzlina

tang

cukor

feng mi

med

guo jiang

lekvár

qiao ke li jiang

nugátová nátierka

ga li fan

karí korenie

nong chang
farma

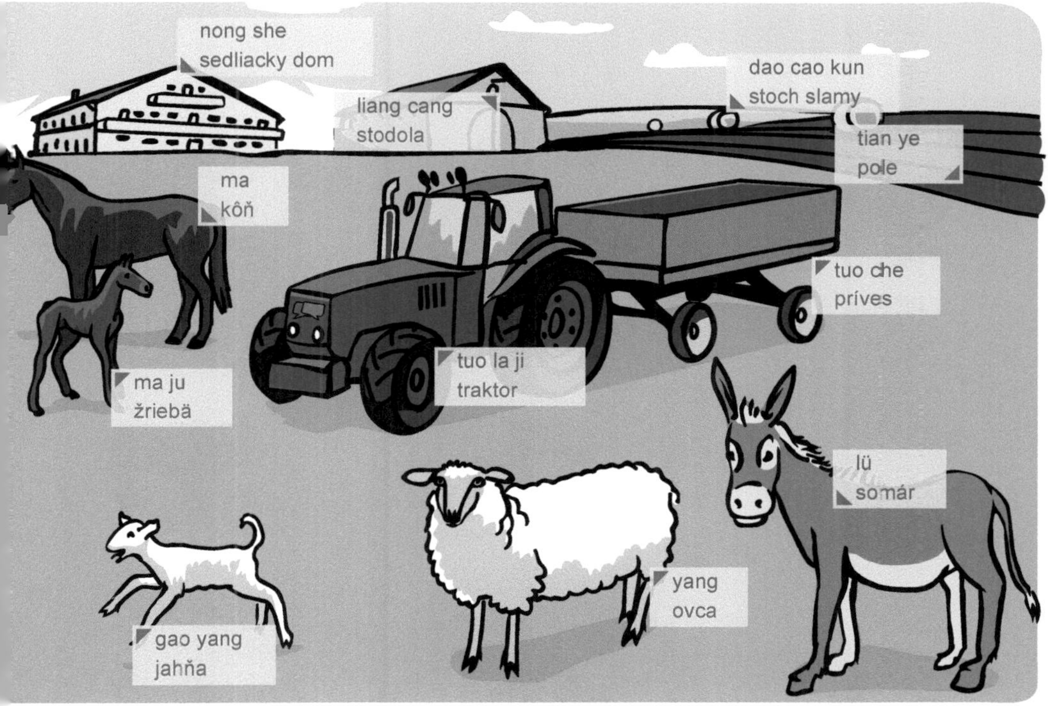

nong she
sedliacky dom
liang cang
stodola
dao cao kun
stoch slamy
tian ye
pole
ma
kôň
tuo che
príves
tuo la ji
traktor
ma ju
žriebä
lü
somár
yang
ovca
gao yang
jahňa

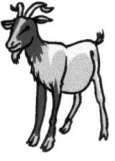

shan yang

koza

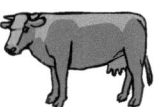

nai niu

krava

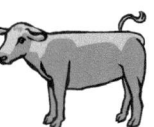

niu du

teľa

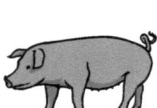

zhu

prasa

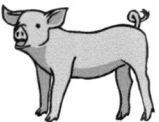

xiao zhu

prasiatko

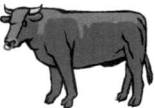

gong niu

býk

e

hus

ya

kačica

xiao ji

kuriatko

mu ji

sliepka

gong ji

kohút

shu

potkan

mao

mačka

lao shu

myš

niu

vôl

gou

pes

gou wu

psia búda

hua yuan jiao shui ruan guan

záhradná hadica

sa shui hu

krhla

chang bing da lian dao

kosa

li

pluh

lian dao

kosák

chu tou

motyka

chang bing cao pa

vidly na hnoj

fu tou

sekera

du lun shou tui che

fúrik

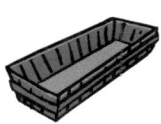

si liao cao

koryto

niu nai guan

kanva na mlieko

ma bu dai

vrece

zha lan

plot

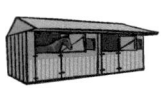

ma jiu

maštaľ

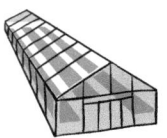

wen shi

skleník

tu rang

pôda

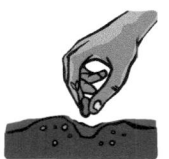

zhong zi

osivo

fei liao

hnojivo

lian he shou ge j

kombajn

shou ge

žať

shou ge

žatva

shan yao

batát

xiao mai

pšenica

da dou

sója

tu dou

zemiak

yu mi

kukurica

you cai zi

repka

guo shu

ovocný strom

shu shu

maniok

gu wu

obilie

fang zi
dom

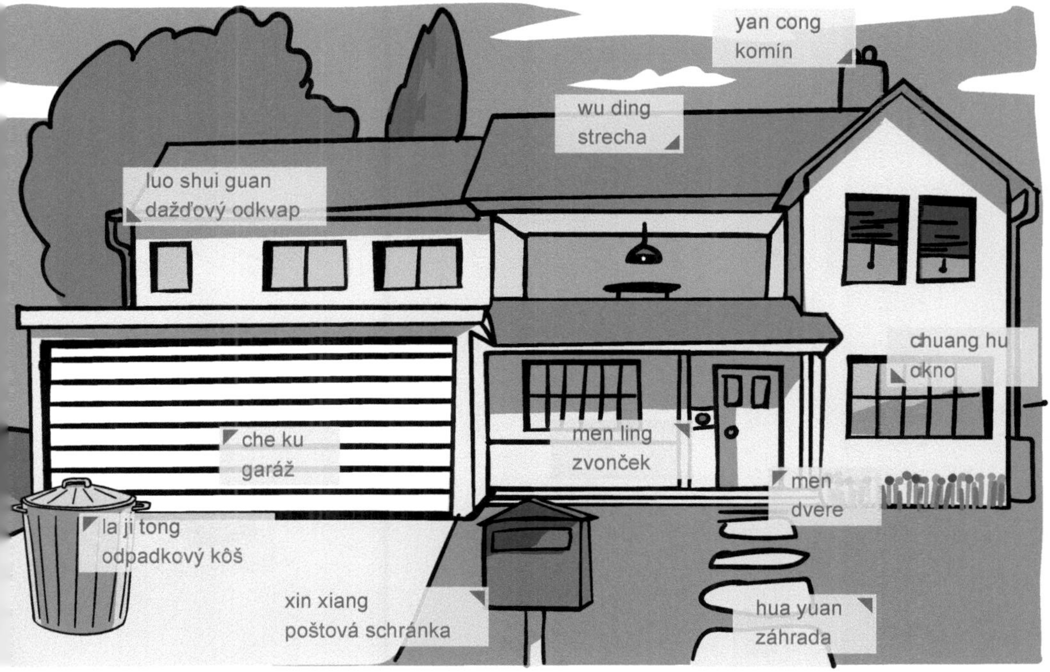
yan cong
komín
wu ding
strecha
luo shui guan
dažďový odkvap
chuang hu
okno
che ku
garáž
men ling
zvonček
men
dvere
la ji tong
odpadkový kôš
xin xiang
poštová schránka
hua yuan
záhrada

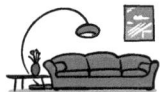

ke ting

obývačka

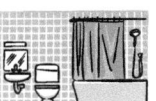

yu shi

kúpeľňa

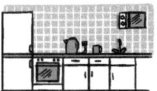

chu fang

kuchyňa

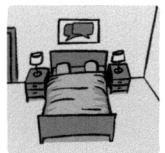

wo shi

spálňa

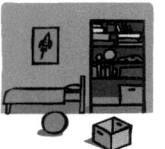

er tong fang

detská izba

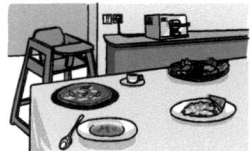

can ting

jedáleň

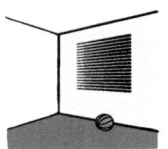

di ban

podlaha

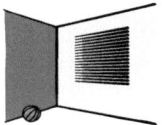

qiang bi

stena

diao ding

strop

di jiao

pivnica

sang na

sauna

yang tai

balkón

lu tai

terasa

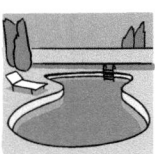

you yong chi

bazén

ge cao ji

kosačka

bei dan

obliečka

chuang zhao

posteľná prikrývka

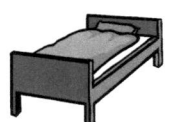

chuang

posteľ

sao zhou

metla

shui tong

vedro

kai guan

vypínač

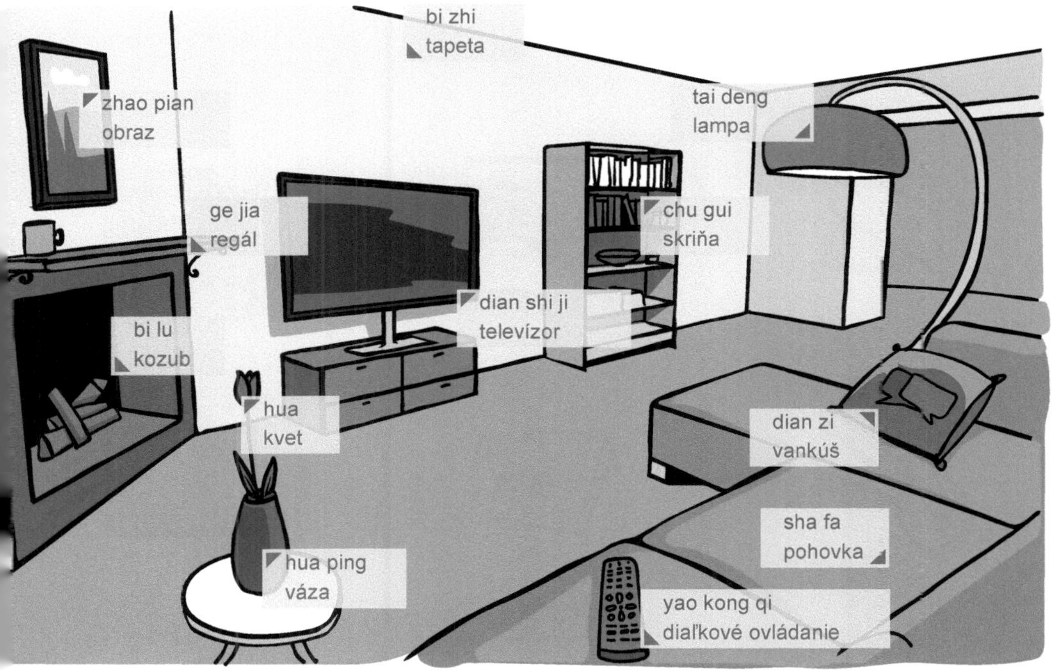

bi zhi
tapeta

zhao pian
obraz

tai deng
lampa

ge jia
regál

chu gui
skriňa

dian shi ji
televízor

bi lu
kozub

hua
kvet

dian zi
vankúš

sha fa
pohovka

hua ping
váza

yao kong qi
diaľkové ovládanie

di tan
koberec

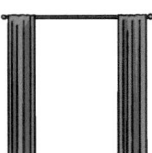

chuang lian
záclona

can zhuo
stôl

yi zi
stolička

yao yi
hojdacie kreslo

fu shou yi
kreslo

shu

kniha

tan zi

prikrývka

zhuang shi pin

dekorácia

mu chai

drevo na kúrenie

dian ying

film

gao bao zhen yin xiang

hi-fi veža

yao shi

kľúč

bao zhi

noviny

you hua

maľba

hai bao

plagát

shou yin ji

rádio

bi ji ben

zápisník

xi chen qi

vysávač

xian ren zhang

kaktus

la zhu

sviečka

chu fang
kuchyňa

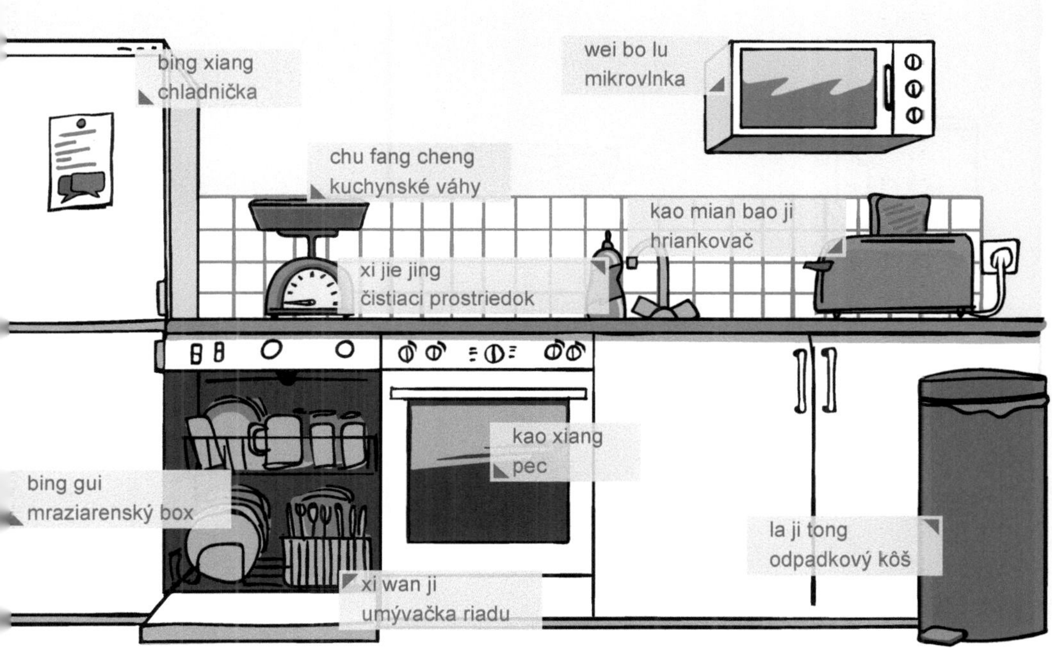

bing xiang
chladnička
wei bo lu
mikrovlnka
chu fang cheng
kuchynské váhy
kao mian bao ji
hriankovač
xi jie jing
čistiaci prostriedok
kao xiang
pec
bing gui
mraziarenský box
la ji tong
odpadkový kôš
xi wan ji
umývačka riadu

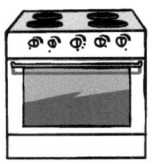

chui ju

sporák

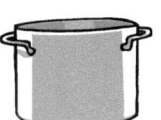

guo

hrniec

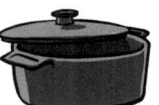

zhu tie guo

železný hrniec

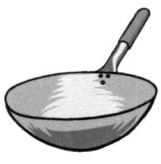

sha guo

wok / kadai

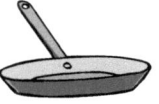

ping di guo

panvica

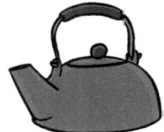

shui hu

rýchlovarná kanvica

zheng guo

parný hrniec

kao pan

plech na pečenie

tao ci guo

riad

ma ke bei

pohár

wan

misa

kuai zi

paličky

chang bing shao

naberačka na polievku

chan zi

stierka

jiao ban qi

metlička

lü wang

cedidlo

shai zi

sitko

mo sui ji

strúhadlo

yan bo

mažiar

shao kao

gril

ming huo

ohnisko

cai ban

doska na krájanie

gan mian zhang

valček na cesto

kai ping qi

vývrtka

guan zi

konzerva

kai ping qi

otvárač na konzervy

ge re shou tao

chňapka

shui cao

výlevka

shua zi

kefa

hai mian

hubka

jiao ban ji

mixér

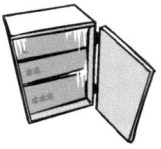

leng cang xiang

mraznička

nai ping

kojenecká fľaša

shui long tou

vodovodný kohútik

chu fang - kuchyňa

yu shi
kúpeľňa

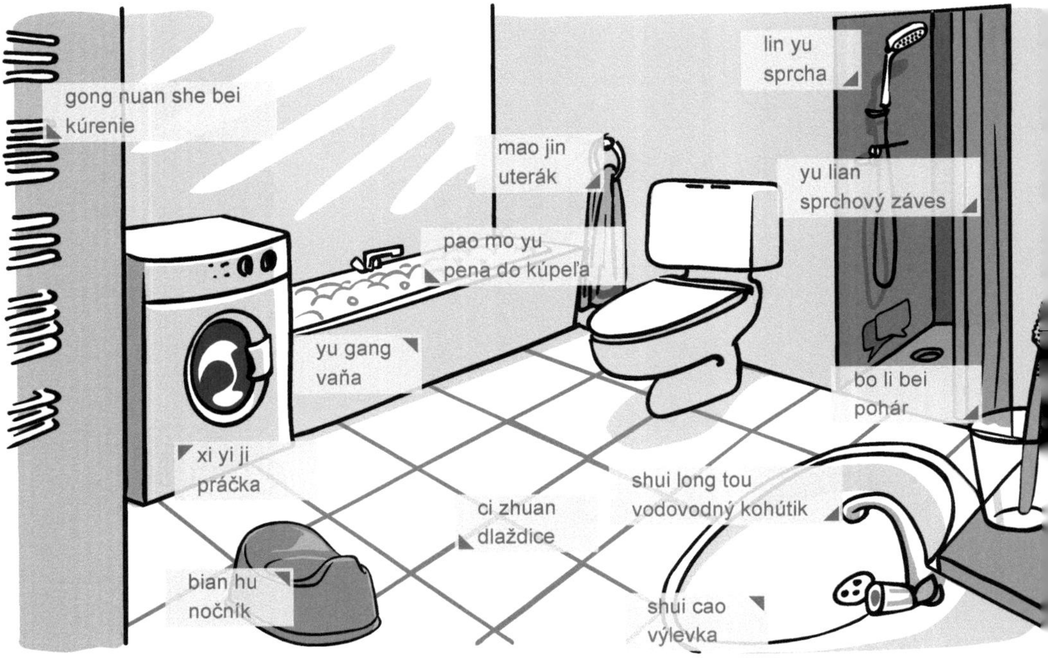

lin yu
sprcha
gong nuan she bei
kúrenie
mao jin
uterák
yu lian
sprchový záves
pao mo yu
pena do kúpeľa
yu gang
vaňa
bo li bei
pohár
xi yi ji
práčka
shui long tou
vodovodný kohútik
ci zhuan
dlaždice
bian hu
nočník
shui cao
výlevka

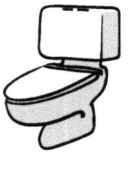

ce suo
záchod

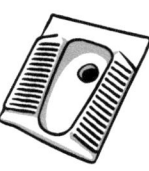

dun bian qi
suchý záchod

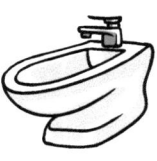

zuo yu qi
bidet

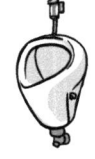

xiao bian chi
pisoár

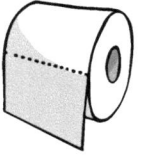

ce zhi
toaletný papier

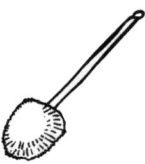

ma tong shua
záchodová kefa

ya shua

zubná kefka

ya gao

zubná pasta

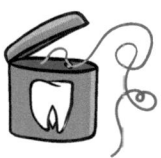

ya xian

dentálna niť

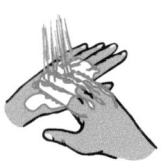

xi

umývať

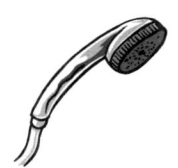

shou chi shi pen lin tou

ručná sprcha

chong xi qi

sprcha pre intímnu hygienu

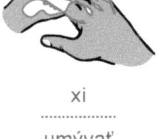

xi lian pen

umývadlo

ca bei shua

kefa na chrbát

fei zao

mydlo

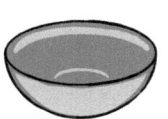

mu yu lu

sprchový gél

xi fa shui

šampón

fa lan rong

frotírová rukavica

pai shui

odtok

ru shuang

krém

chu chou ji

dezodorant

jing zi

zrkadlo

shou jing

kozmetické zrkadlo

ti xu dao

žiletka

ti xu pao mo

pena na holenie

xu hou shui

voda po holení

shu zi

hrebeň

shua zi

kefa

chui feng ji

sušič vlasov

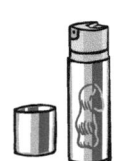

pen fa ding xing ji

sprej na vlasy

hua zhuang pin

make-up

chun gao

rúž

zhi jia you

lak na nechty

hua zhuang mian

vata

zhi jia jian

nožnice na nechty

xiang shui

parfum

xi shu bao

kozmetická taška

deng zi

stolček

ji zhong cheng

váha

yu pao

kúpací plášť

xiang jiao shou tao

gumové rukavice

wei sheng mian tiao

tampón

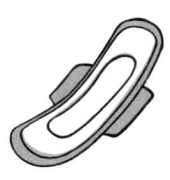

wei sheng jin

menštruačná vložka

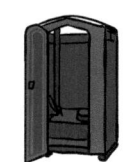

hua xue ce suo

chemické WC

er tong fang
detská izba

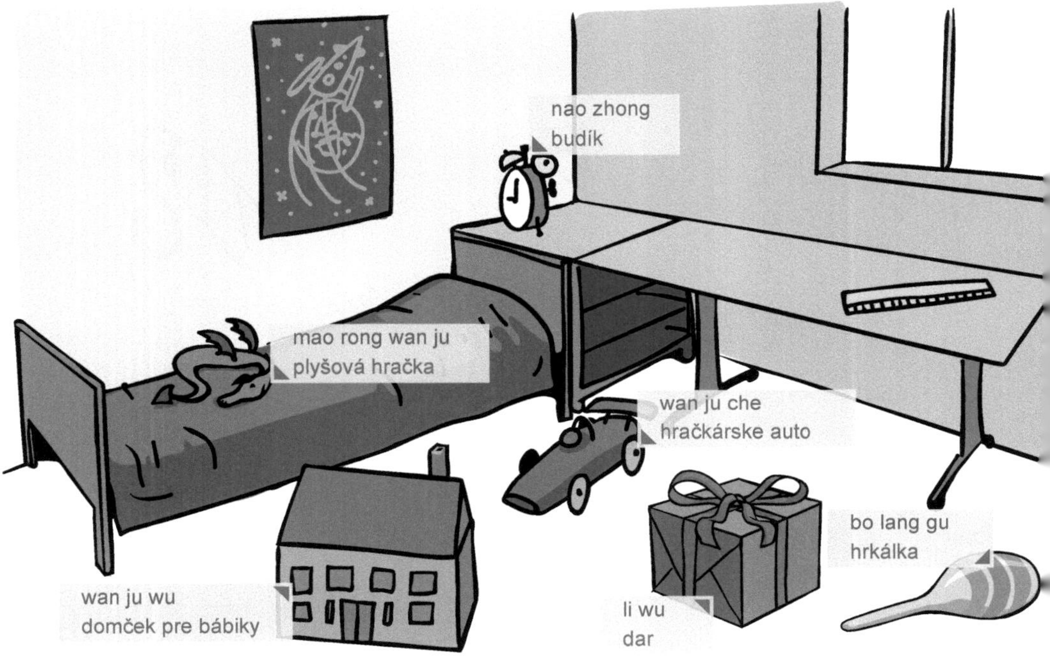
nao zhong
budík
mao rong wan ju
plyšová hračka
wan ju che
hračkárske auto
bo lang gu
hrkálka
wan ju wu
domček pre bábiky
li wu
dar

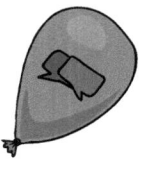

qi qiu
balón

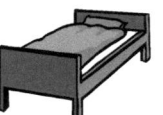

chuang
posteľ

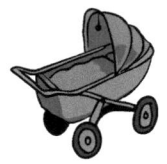

(yang wa wa yong)ying er che
detský kočík

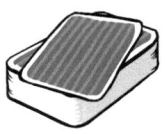

pu ke pai
karty

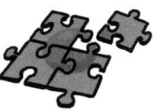

pin tu
puzzle

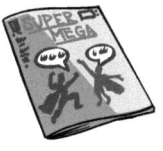

man hua
komix

le gao ji mu

skladačka lego

ji mu wan ju

stavebnica

wan ju ren

akčná postavička

ying er fu

dupačky

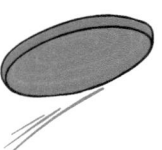

fei pan

lietajúci tanier

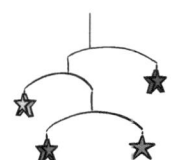

chuang ling wan ju

závesné hračky

qi pan you xi

stolová hra

shai zi

kocka

huo che mo xing

modelový vláčik

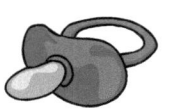

an fu nai zui

cumlík

ju hui

párty

hui ben

obrázková kniha

qiu

lopta

yang wa wa

bábika

wan

hrať sa

sha keng

pieskovisko

qiu qian

hojdačka

wan ju

hračky

you xi ji

hracia konzola

san lun che

trojkolka

tai di xiong

medvedík

yi chu

šatník

yi fu

šatstvo

wa zi

ponožky

chang wa

pančuchy

jin shen ku

pančuchové nohavičky

wei jin
šál

yu san
dáždnik

pi dai
opasok

T xu
tričko

yun dong xie
tenisky

xue zi
čižmy

tuo xie
papuče

liang xie
sandále

xie
topánky

yu xue
gumáky

nei ku
spodky

xiong zhao
podprsenka

bei xin
tielko

shen ti

body

ku zi

nohavice

niu zai ku

džínsy

duan qun

sukňa

nü shi chen shan

blúzka

chen shan

košeľa

tao tou shan

pulóver

wei yi

sveter

xi zhuang jia ke

blejzer

jia ke

bunda

wai tao

kabát

yu yi

pršiplášť

tao zhuang

kostým

lian yi qun

šaty

hun sha

svadobné šaty

xi zhuang

oblek

shui pao

nočná košeľa

shui yi

pyžamo

sha li

sari

tou jin

šatka na hlavu

bao tou jin

turban

bo ka

burka

ka fu tan

kaftan

(a la bo shi)chang pao

abaja

yong yi

dvojdielne plavky

nan shi yong ku

plavky

duan ku

šortky

yun dong fu

tepláková súprava

wei qun

zástera

shou tao

rukavice

niu kou

gombík

yan jing

okuliare

shou lian

náramok

xiang lian

retiazka

jie zhi

prsteň

er huan

náušnica

bian mao

čiapka

yi jia

vešiak

mao zi

klobúk

ling dai

kravata

la lian

zips

tou kui

prilba

bei dai

traky

xiao fu

školská uniforma

zhi fu

uniforma

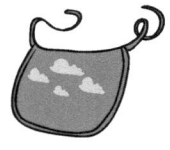

wei dou

podbradník

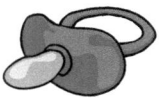

an fu nai zui

cumlík

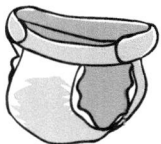

niao bu shi

plienka

ban gong shi
kancelária

fu wu qi
server
wen jian gui
skriňa na spisy
da yin ji
tlačiareň
zhi
papier
xian shi ping
monitor
shu biao
myš
ban gong zhuo
písací stôl
wen jian jia
zakladač
jian pan
klávesnica
fei zhi kuang
kôš na papier
dian nao
počítač
yi zi
stolička

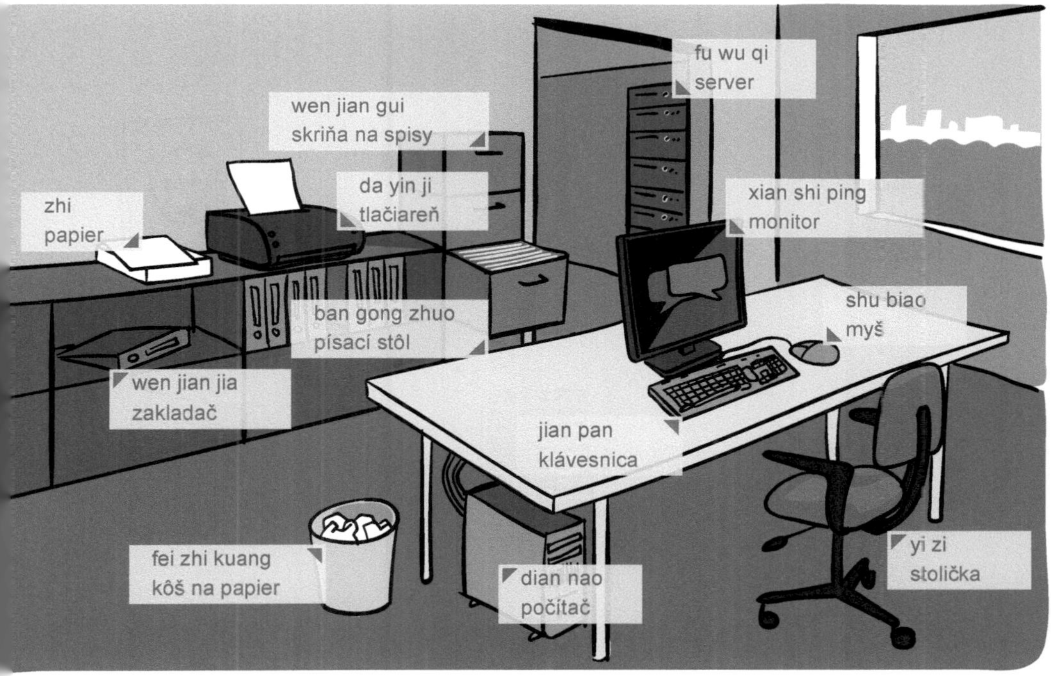

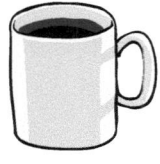

ka fei bei

hrnček na kávu

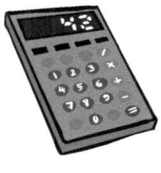

ji suan qi

kalkulačka

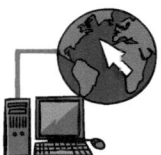

yin te wang

internet

bi ji ben dian nao

laptop

xin jian

list

xiao xi

správa

shou ji

mobil

wang luo

sieť

fu yin ji

kopírka

ruan jian

softvér

dian hua

telefón

cha zuo

elektrická zásuvka

chuan zhen ji

fax

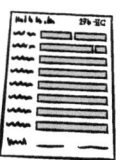

biao ge

formulár

wen jian

doklad

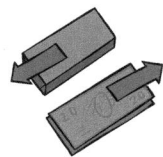

mai

kúpiť

fu qian

platiť

jiao yi

obchodovať

xian jin

peniaze

mei yuan

dolár

ou yuan

euro

ri yuan

jen

lu bu

rubeľ

rui shi fa lang

švajčiarsky frank

ren min bi

čínsky jüan

lu bi

rupia

ti kuan chu

bankomat

wai bi dui huan chu

zmenáreň

jin

zlato

yin

striebro

shi you

ropa

neng yuan

energia

jia ge

cena

he tong

zmluva

shui jin

daň

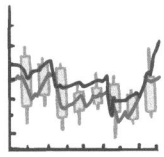

gu piao

akcia

gong zuo

pracovať

zhi yuan

zamestnanec

lao ban

zamestnávateľ

gong chang

továreň

shang dian

obchod

zhi ye
povolania

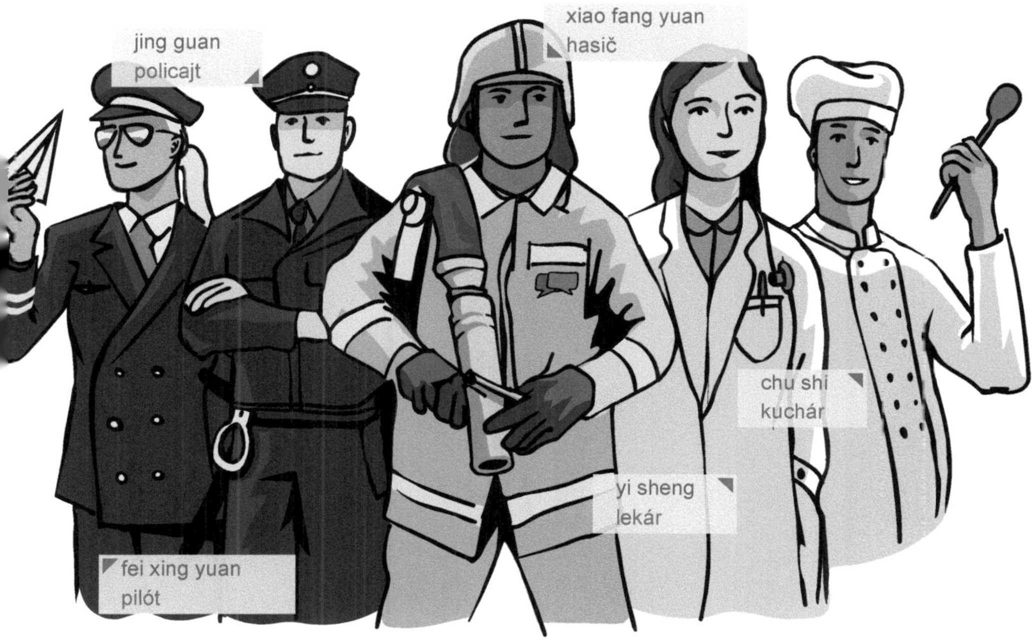

jing guan
policajt
xiao fang yuan
hasič
chu shi
kuchár
yi sheng
lekár
fei xing yuan
pilót

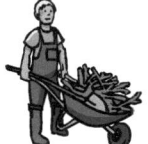

yuan ding

záhradník

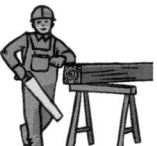

mu jiang

stolár

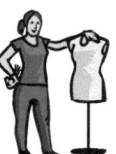

cai feng

krajčírka

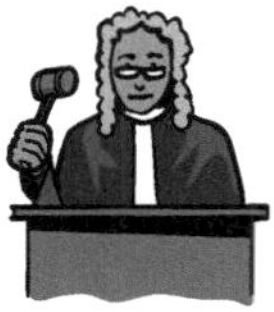

fa guan

sudca

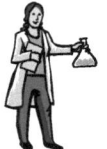

hua xue jia

chemik

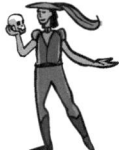

yan yuan

herec

gong jiao che si ji

vodič autobusu

chu zu che si ji

taxikár

yu fu

rybár

qing jie nü gong

upratovačka

wu ding gong

pokrývač

fu wu yuan

čašník

lie ren

poľovník

hua jia

maliar

mian bao shi

pekár

dian gong

elektrikár

jian zhu gong ren

stavebný robotník

gong cheng shi

inžinier

tu fu

mäsiar

shui guan gong

klampiar

you di yuan

poštár

shi bing

vojak

jian zhu shi

architekt

shou yin yuan

pokladník

hua nong

kvetinár

li fa shi

kaderník

shou piao yuan

sprievodca

ji xie shi

mechanik

chuan zhang

kapitán

ya yi

zubár

ke xue jia

vedec

la bi

rabín

yi ma mu

imám

he shang

mních

mu shi

farár

gong ju
náradie

qian zi
kliešte
tie chui
kladivo
luo si dao
skrutkovač
shou dian tong
baterka
ban shou
kľúč na skrutky

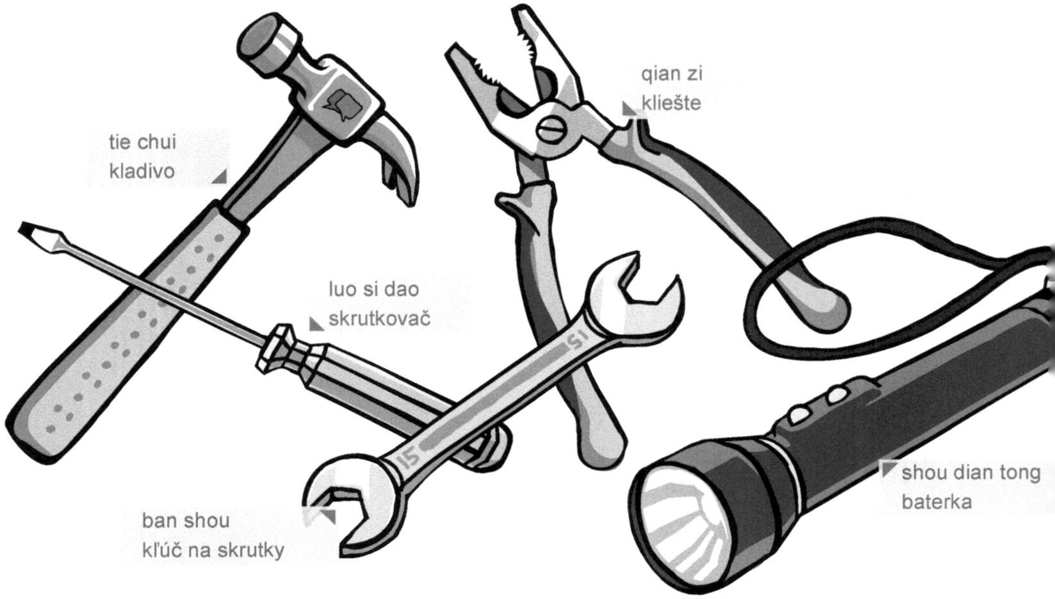

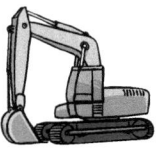

wa jue ji

bager

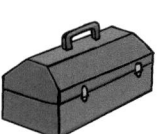

gong ju xiang

súprava náradia

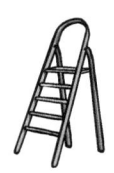

ti zi

rebrík

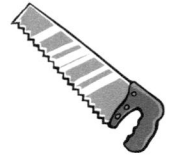

ju zi

pílka

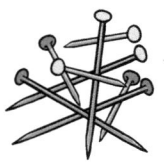

ding zi

klince

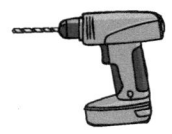

zuan ji

vrták

xiu

opraviť

chan zi

lopata

kao!

Do čerta!

bo ji

lopatka na smeti

you qi tong

nádoba s farbou

luo si

skrutky

yue qi

hudobné nástroje

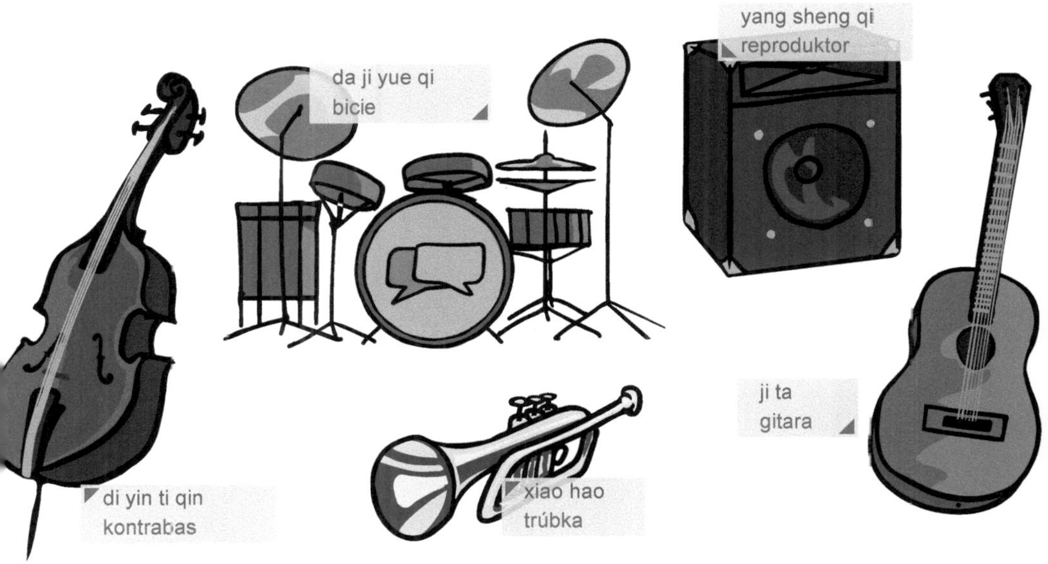

yang sheng qi
reprodkutor

da ji yue qi
bicie

ji ta
gitara

di yin ti qin
kontrabas

xiao hao
trúbka

gang qin

klavír

xiao ti qin

husle

bei si

basa

ding yin gu

tympany

gu

bubon

dian zi qin

klávesnica

sa ke si guan

saxofón

chang di

flauta

mai ke feng

mikrofón

ru kou
vstup

lao hu
tiger

long zi
klietka

ban ma
zebra

dong wu si liao
krmivo pre zver

xiong mao
panda

dong wu

zvieratá

da xiang

slon

dai shu

klokan

xi niu

nosorožec

da xing xing

gorila

xiong

medveď

luo tuo

ťava

tuo niao

pštros

shi zi

lev

hou zi

opica

huo lie niao

plameniak

ying wu

papagáj

bei ji xiong

ľadový medveď

qi e

tučniak

sha yu

žralok

kong que

páv

she

had

e yu

krokodíl

dong wu yuan guan li yuan

ošetrovateľ v ZOO

hai bao

tuleň

mei zhou bao

jaguár

ai zhong ma

poník

bao

leopard

he ma

hroch

chang jing lu

žirafa

lao ying

orol

ye zhu

diviak

yu

ryba

gui

korytnačka

hai xiang

mrož

hu li

líška

ling yang

gazela

gan lan qiu
americký futbal

qi zi xing che
cyklistika

wang qiu
tenis

lan qiu
basketbal

you yong
plávanie

quan ji
box

bing qiu
hokej

ying shi zu qiu

futbal

yu mao qiu

bedminton

tian jing

ľahká atletika

shou qiu

hádzaná

hua xue

lyžovanie

ma qiu

pólo

huo dong
aktivity

xiao
smiať sa
tiao
skočiť
yong bao
objať
zou lu
chodiť
chang
spievať
zuo meng
snívať
qi dao
modliť sa
qin wen
pobozkať

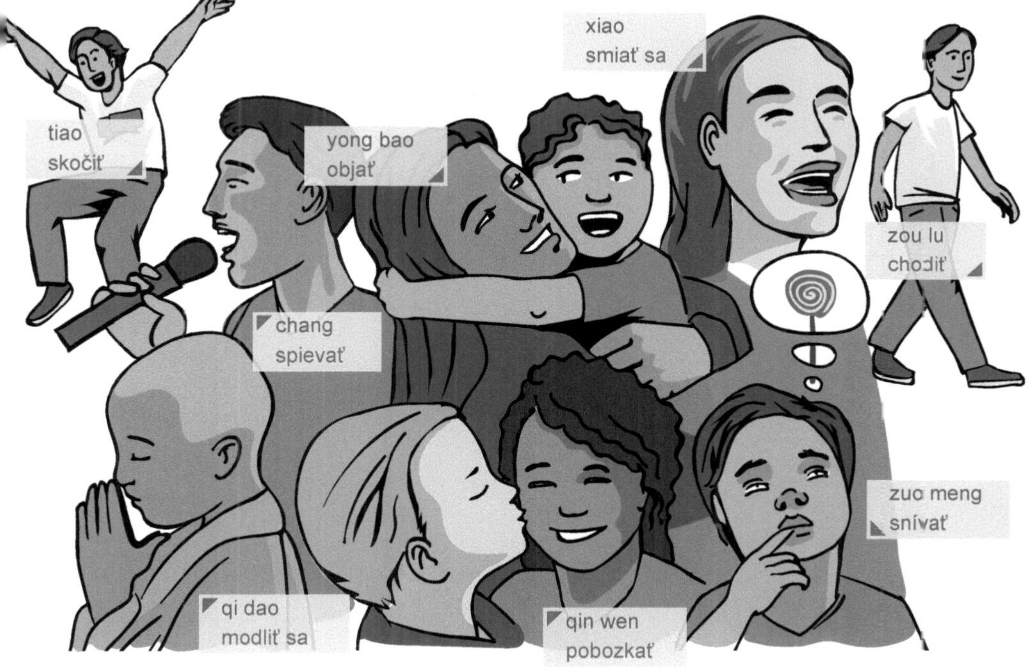

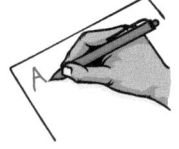

shu xie

písať

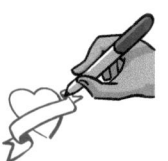

hua

kresliť

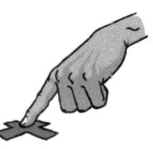

zhan shi

ukázať

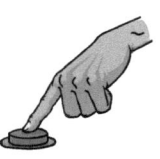

tui

tlačiť

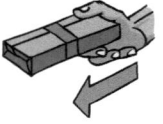

gei

dať

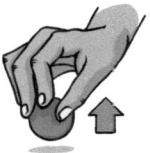

na

brať

you

mať

zuo

robiť

dang

byť

zhan

stáť

pao

bežať

la

ťahať

reng

hádzať

shuai dao

padnúť

tang

ležať

deng dai

čakať

xie dai

nosiť

zuo

sedieť

chuan yi

obliecť sa

shui jiao

spať

xing lai

zobudiť sa

kan

pozerať

ku

plakať

fu mo

hladkať

shu tou

česať

jiao tan

hovoriť

ming bai

rozumieť

wen

pýtať sa

ting

počuť

he

piť

chi

jesť

qing li

upratať

ai

milovať

zuo fan

variť

kai che

jazdiť

fei

letieť

hang xing

plachtiť

ji suan

počítať

du

čítať

xue xi

učiť sa

gong zuo

pracovať

jie hun

oženiť

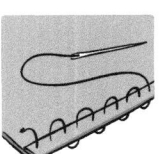

feng

šiť

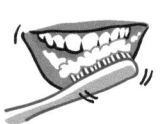

shua ya

čistiť zuby

sha

zabiť

chou yan

fajčiť

ji

poslať

zu mu
stará mama

zu fu
starý otec

fu qin
otec

mu qin
mama

ying tong
bábo

nü er
dcéra

er zi
syn

ke ren

hosť

a yi

teta

shu shu

strýko

xiong di

brat

jie mei

sestra

shen ti
telo

qian e
čelo
yan jing
oko
jian bang
plece
shou zhi
prst
lian
tvár
xia ba
brada
shou
ruka
tui
noha
ru fang
hruď
shou bi
rameno

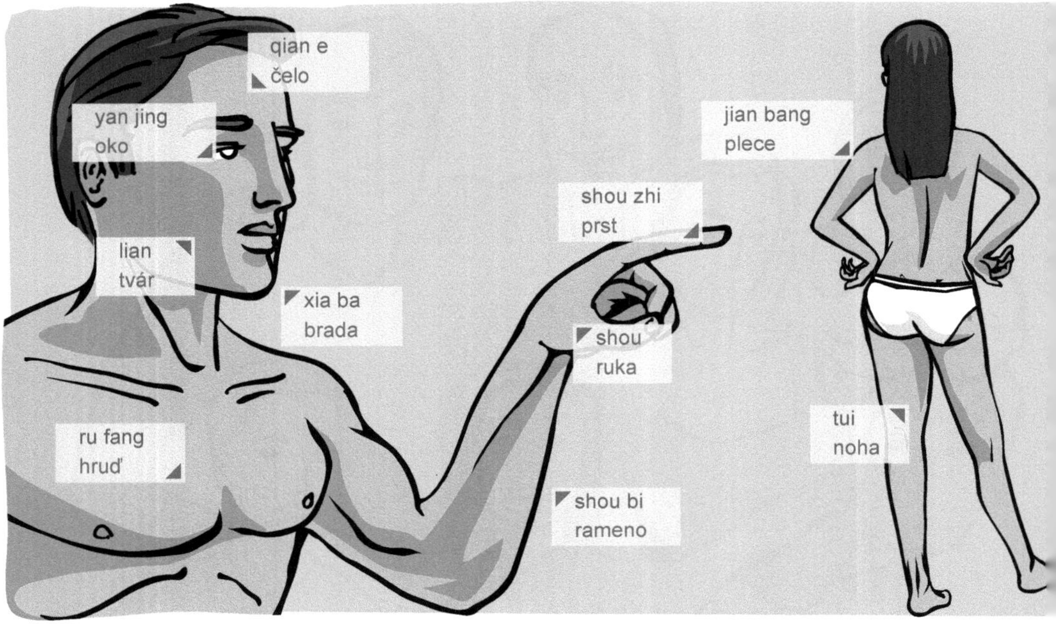

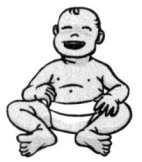

ying tong
bábo

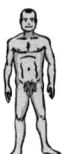

nan ren
muž

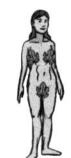

nü ren
žena

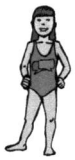

nü hai
dievča

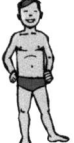

nan hai
chlapec

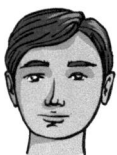

tou
hlava

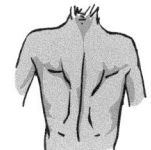

bei bu

chrbát

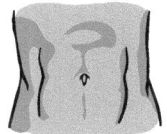

du zi

brucho

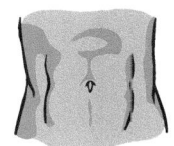

du qi

pupok

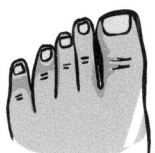

jiao zhi

prst na nohe

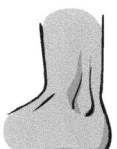

jiao hou gen

päta

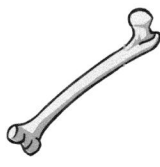

gu tou

kosť

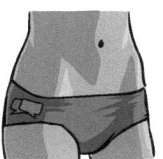

tun bu

bok

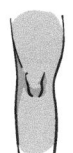

xi gai

koleno

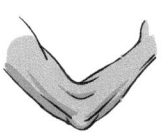

shou zhou

lakeť

bi zi

nos

pi gu

zadok

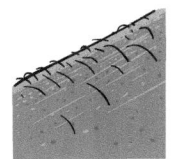

pi fu

koža

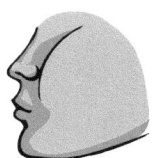

lian jia

líce

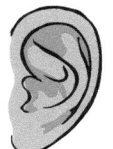

er duo

ucho

zui chun

pery

zui

ústa

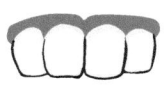

ya chi

zub

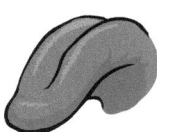

she tou

jazyk

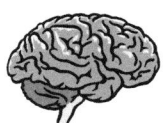

nao

mozog

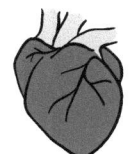

xin zang

srdce

ji rou

svaly

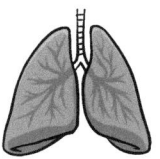

fei

pľúca

gan zang

pečeň

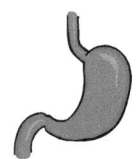

wei

žalúdok

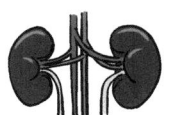

shen zang

obličky

xing jiao

pohlavný styk

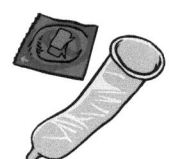

bi yun tao

kondóm

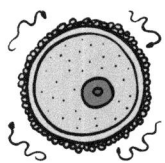

luan zi

vaječná bunka

jing zi

semeno

huai yun

tehotenstvo

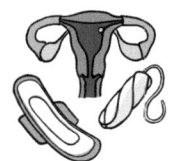

yue jing

menštruácia

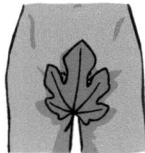

yin dao

vagína

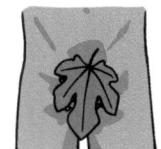

yin jing

penis

mei mao

obočie

tou fa

vlasy

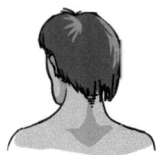

bo zi

krk

yi yuan
nemocnica

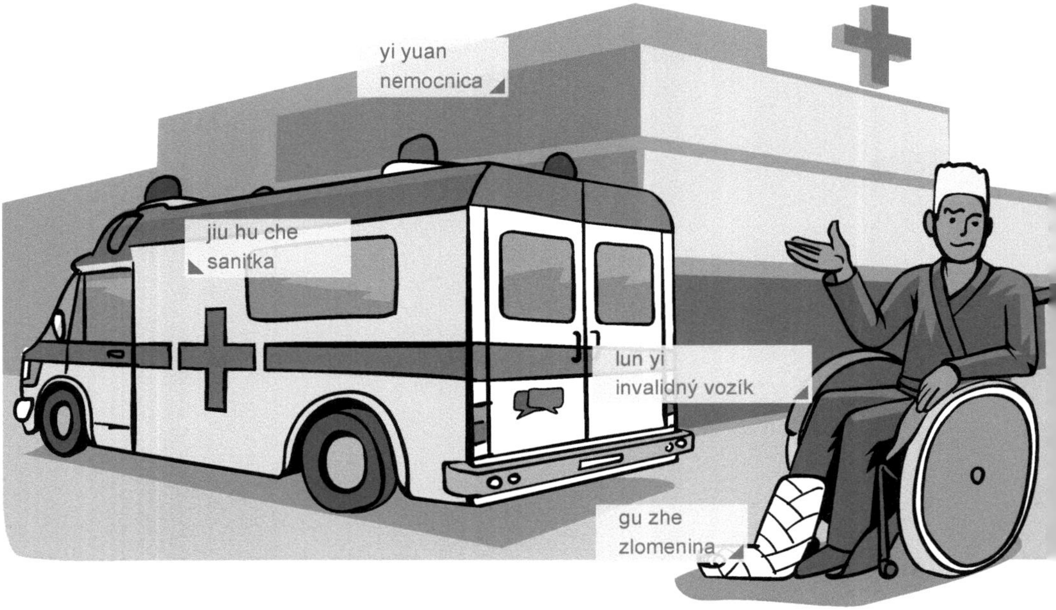

yi yuan
nemocnica
jiu hu che
sanitka
lun yi
invalidný vozík
gu zhe
zlomenina

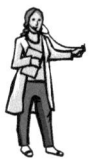

yi sheng
lekár

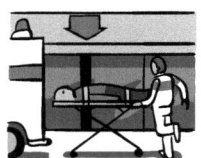

ji zhen shi
urgentný príjem

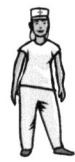

hu shi
sestrička

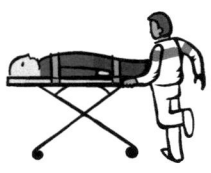

jin ji qing kuang
urgentný prípad

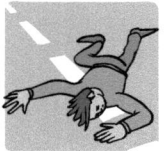

hun mi
v bezvedomí

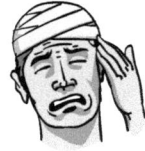

tong
bolesť

shou shang

zranenie

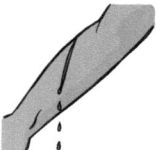

chu xue

krvácanie

xin zang bing fa zuo

srdcový infarkt

zhong feng

mozgová porážka

guo min

alergia

ke sou

kašeľ

fa shao

teplota

liu gan

chrípka

fu xie

hnačka

tou tong

bolesť hlavy

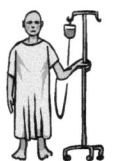

ai zheng

rakovina

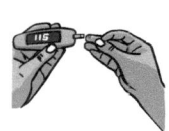

tang niao bing

cukrovka

wai ke yi sheng

chirurg

shou shu dao

skalpel

shou shu

operácia

CT

CT

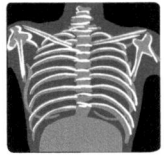

X guang

RTG

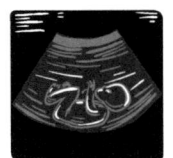

chao sheng bo

ultrazvuk

kou zhao

maska

ji bing

choroba

hou zhen shi

čakáreň

guai zhang

barla

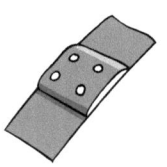

shi gao

náplasť

beng dai

obväz

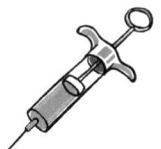

zhu she

injekcia

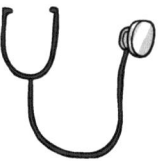

ting zhen qi

fonendoskop

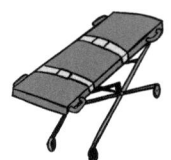

dan jia

nosidlá

ti wen ji

teplomer

chu sheng

pôrod

chao zhong

nadváha

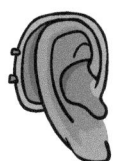

zhu ting qi

audiofón

xiao du ye

dezinfekčný prostriedok

gan ran

infekcia

bing du

vírus

ai zi bing

HIV / AIDS

yao wu

medicína

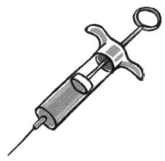

jie zhong yi miao

očkovanie

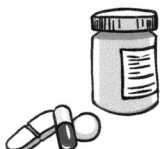

yao pian

tabletky

yao wan

antikoncepčná pilulka

ji jiu dian hua

tiesňové volanie

xue ya ji

tlakomer

sheng bing/jian kang

chorý / zdravý

jiu ming!

Pomoc!

jing bao

alarm

tu ji

prepad

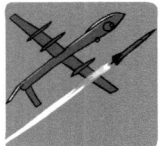

gong ji

útok

wei xian

nebezpečenstvo

jin ji chu kou

núdzový východ

zhao huo la!

Horí!

mie huo qi

hasičský prístroj

yi wai

nehoda

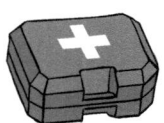

ji jiu xiang

kufrík prvej pomoci

hu jiu xin hao

SOS

jing cha

polícia

ou zhou

Európa

bei mei zhou

Severná Amerika

nan mei zhou

Južná Amerika

fei zhou

Afrika

ya zhou

Ázia

ao zhou

Austrália

da xi yang

Atlantický oceán

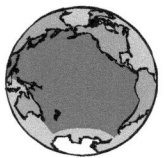

tai ping yang

Tichý oceán

yin du yang

Indický oceán

nan bing yang

Južný oceán

bei bing yang

Severný ľadový oceán

bei ji

Severný pól

nan ji

Južný pól

nan ji zhou

Antarktída

di qiu

Zem

lu di

krajina

hai

more

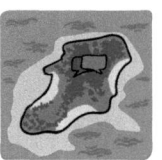

dao

ostrov

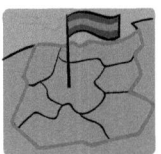

guo jia

národ

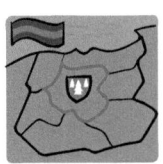

guo jia

štát

zhong mian

ciferník

shi zhen

hodinová ručička

fen zhen

minútová ručička

miao zhen

sekundová ručiška

xian zai ji dian?

Koľko je hodín?

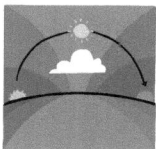

tian

deň

shi jian

čas

xian zai

teraz

dian zi biao

digitálne hodiny

fen

minúta

shi

hodina

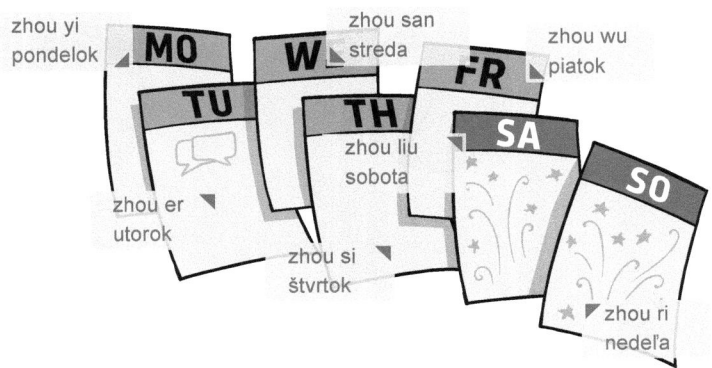

zhou yi
pondelok

zhou san
streda

zhou wu
piatok

zhou er
utorok

zhou liu
sobota

zhou si
štvrtok

zhou ri
nedeľa

zuo tian

včera

jin tian

dnes

ming tian

zajtra

zao chen

ráno

zhong wu

poludnie

wan shang

večer

gong zuo ri

pracovné dni

zhou mo

víkend

nian

rok

yu
dážď
cai hong
dúha
feng
vietor
xue
sneh
chun
jar
qiu
jeseň
xia
leto
dong
zima

4.APRIL 11°
5.APRIL 4°
6.APRIL 13°
7.APRIL 8°
8.APRIL 10°

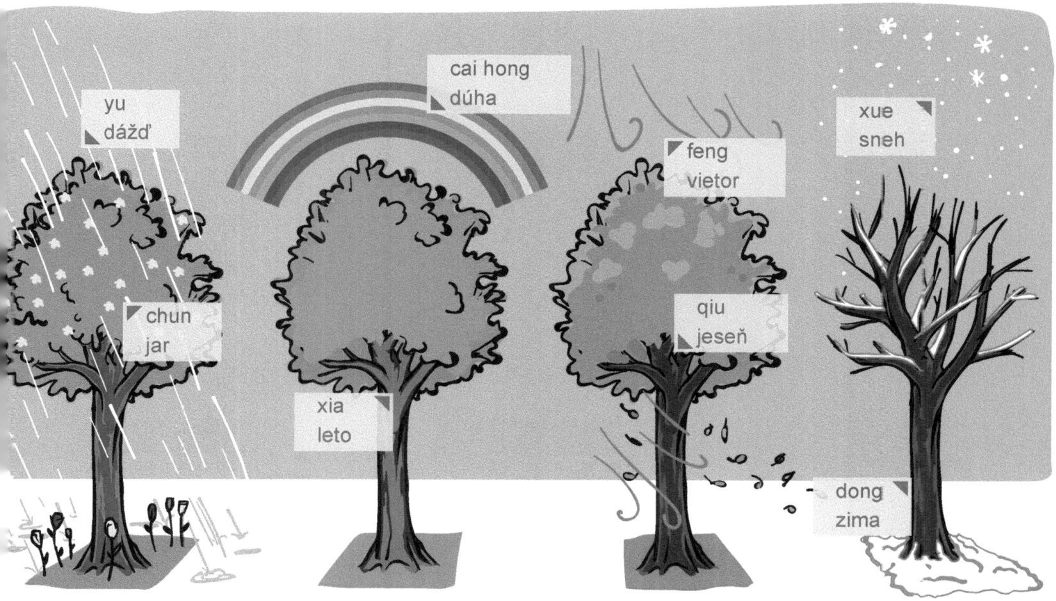

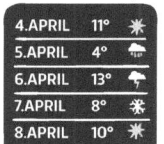

tian qi yu bao

predpoveď počasia

F
C
120
90
60
30
0
-30
40
30
20
10
0
-10
-20

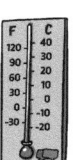

wen du ji

teplomer

yang guang

slnečný svit

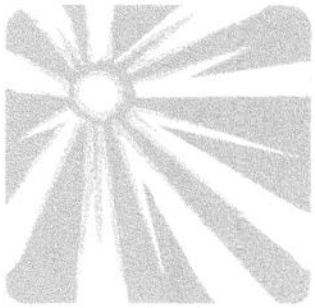

yun

oblak

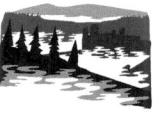

wu

hmla

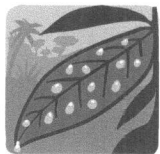

chao shi

vlhkosť vzduchu

shan dian

blesk

da lei

hrom

feng bao

búrka

bing bao

krúpy

ji feng

monzún

hong shui

záplava

bing

ľad

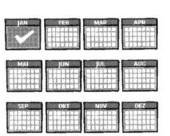

yi yue

január

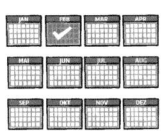

er yue

február

san yue

marec

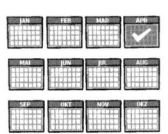

si yue

apríl

wu yue

máj

liu yue

jún

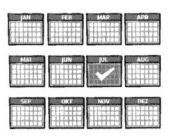

qi yue

júl

ba yue

august

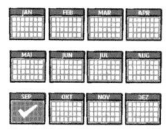

jiu yue

september

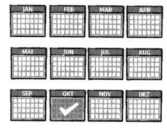

shi yue

október

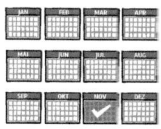

shi yi yue

november

shi er yue

december

xing zhuang
tvary

yuan xing

kruh

zheng fang xing

štvorec

chang fang xing

obdĺžnik

san jiao xing

trojuholník

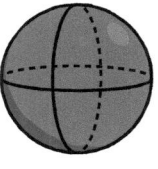

qiu ti

guľa

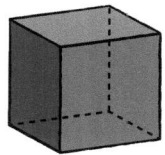

li fang ti

kocka

bai

biela

huang

žltá

cheng

oranžová

fen

ružová

hong

červená

zi

fialová

lan

modrá

lü

zelená

zong

hnedá

hui

šedá

hei

čierna

hen duo/shao xu

veľa / málo

sheng qi/ping jing

zúrivý / pokojný

mei/chou

pekný / škaredý

shou/wei

začiatok / koniec

da/xiao

veľký / malý

ming/an

svetlý / tmavý

xiong di/jie mei

brat / sestra

gan jing/ang zang

čistý / špinavý

wan zheng/que shi

úplný / neúplný

bai tian/wan shang

deň / noc

si/sheng

mŕtvy / živý

kuan/zhai

široký / úzky

ke shi yong/fei shi yong

chutný / nechutný

xie e/shan liang

zlostný / láskavý

xing fen/wu liao

vzrušený / unudený

pang/shou

tlstý / chudý

di yi/zui hou

prvý / posledný

peng you/di ren

priateľ / nepriateľ

man/kong

plný / prázdny

ying/ruan

tvrdý / mäkký

zhong/qing

ťažký / ľahký

e/ke

hlad / smäd

sheng bing/jian kang

chorý / zdravý

fei fa/he fa

nelegálny / legálny

cong ming/yu ben

inteligentný / hlúpy

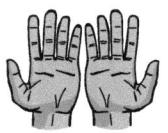

zuo/you

vľavo / vpravo

jin/yuan

blízko / ďaleko

xin/jiu

nový / použitý

mei you/you xie

nič / niečo

lao/you

starý / mladý

kai/guan

zapnuté / vypnuté

da kai/he shang

otvorené / zatvorené

an jing/chao nao

tichý / hlasný

fu/qiong

bohatý / chudobný

dui/cuo

správne / nesprávne

cu cao/guang hua

drsný / hladký

shang xin/gao xing

smutný / šťastný

duan/chang

krátky / dlhý

man/kua

pomaly / rýchlo

shi/gan

mokrý / suchý

wen nuan/liang shuang

teplý / studený

zhan zheng/he ping

vojna / mier

0

ling

nula

1

yi

jeden

2

er

dva

3

san

tri

4

si

štyri

5

wu

päť

6

liu

šesť

7

qi

sedem

8

ba

osem

9

jiu

deväť

10

shi

desať

11

shi yi

jedenásť

12

shi er

dvanásť

13

shi san

trinásť

14

shi si

štrnásť

15

shi wu

pätnásť

16

shi liu

šestnásť

17

shi qi

sedemnásť

18

shi ba

osemnásť

19

shi jiu

devätnásť

20

er shi

dvadsať

100

bai

sto

1.000

qian

tisíc

1.000.000

bai wan

milión

ying yu

angličtina

mei shi ying yu

americká angličtina

pu tong hua

mandarínska čínština

yin di yu

hindčina

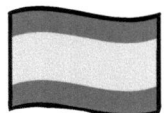

xi ban ya yu

španielčina

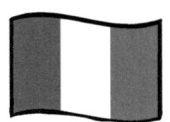

fa yu

francúzština

a la bo yu

arabčina

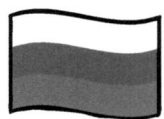

e yu

ruština

pu tao ya yu

portugalčina

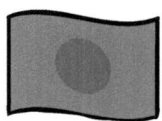

feng jia la yu

bengálčina

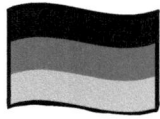

de yu

nemčina

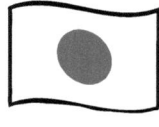

ri yu

japončina

wo

ja

ni

ty

ta/ta/ta

on/ona/ono

wo men

my

ni men

vy

ta men

oni

shei?

kto?

shen me?

čo?

zen yang?

ako?

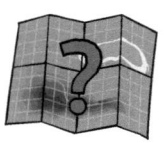

na li?

kde?

shen me shi hou?

kedy?

ming zi

meno

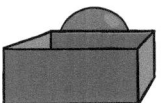

hou mian

za

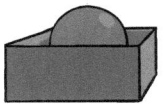

li mian

v

qian mian

pred

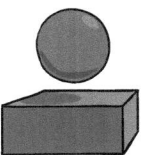

shang fang

nad

shang mian

na

xia mian

pod

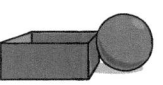

pang bian

vedľa

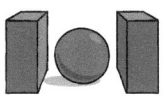

zhong jian

medzi

di dian

miesto